VIntage Part II

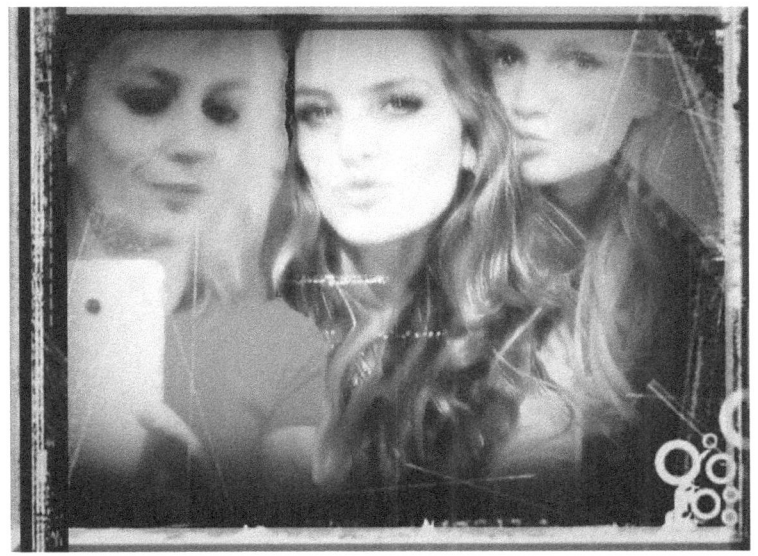

Für meinen Ehemann

Begriffserklärung Vintage Photographie

Old-Time-Fotografie , auch bekannt als antik und Unterhaltung Fotografie , ist ein Genre der Neuheit Fotografie .

Old-Time-Fotografie können die Verbraucher darstellen, als ob für einen antiken Foto in Kostümen und Requisiten aus einem bestimmten Zeitraum, manchmal in gedruckter Sepia-Ton , um dem Foto geben einen Vintage-Look.

Beliebte Themen sind die Old West , die viktorianischen Ära oder die Roaring Twenties .

Einige Studios sind spezialisiert auf das Genre, und andere machen ihr Geschäft auf Festivals und historischen Nachstellung Veranstaltungen. Es ist ein beliebtes Familienaktivität bei Freizeitparks und anderen touristischen Destinationen, vor allem in den Vereinigten Staaten. Viele dieser alten Zeit Fotostudios sind in historischen Städten, die natürlich zu ziehen Besucher, zu erleben, wie die Menschen in vergangenen Epochen gelebt entfernt. Einige Fotoautomaten wird sepia weiß Drucke für ein ähnliches Aussehen.

Fotografen im Genre ursprünglich spezialisierte Agfa und später Polaroid Ausrüstung, aber weitgehend verschoben digitalen Fotografie zusammen mit der Industrie.

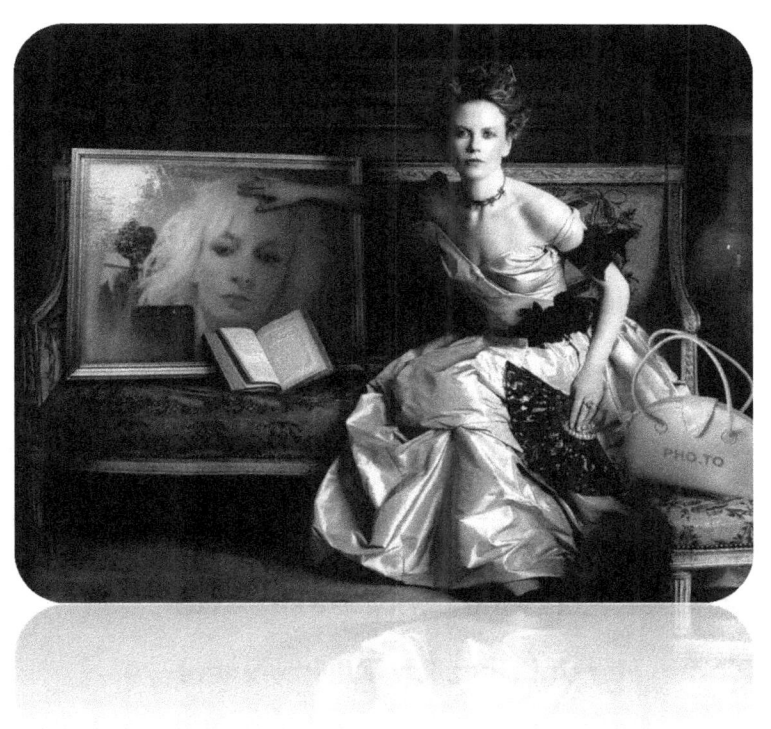

VIntage bei Facebook Group

Vintage - Unabhängige Beiträge werden gelöscht - Dank

Klassiker bezieht sich auf Gegenstände oder Zubehör, das bestimmten Alter , die jedoch nicht als Antiquitäten klassifiziert werden zu präsentieren.

Es wird verwendet, um Musikinstrumente, Autos , Bücher, Fotografien , und in jüngerer Zeit , Bekleidung und Bekleidungszubehör, sowie videojuegos.Y Konsolen zu bezeichnen und dies ist das Ziel der Gruppe ... teilen und genießen Sie eine echte " VINTAGE "

Komm Herein! Herzlich Willkommen!

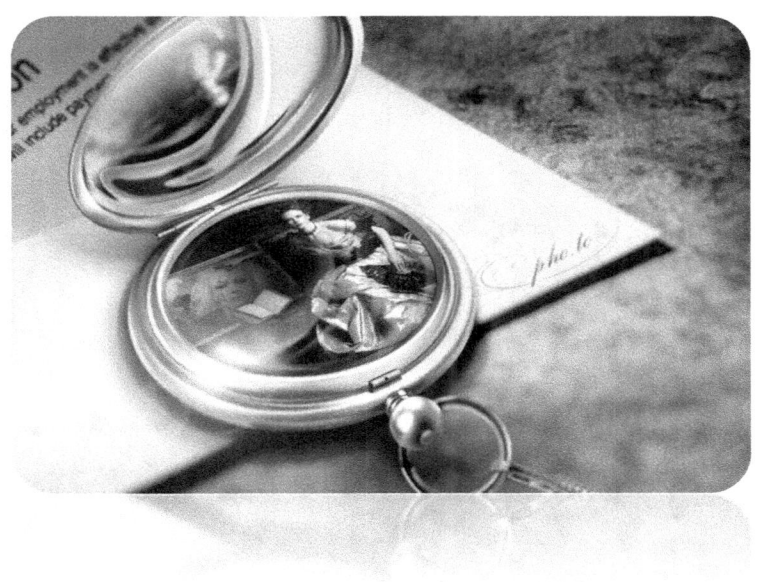

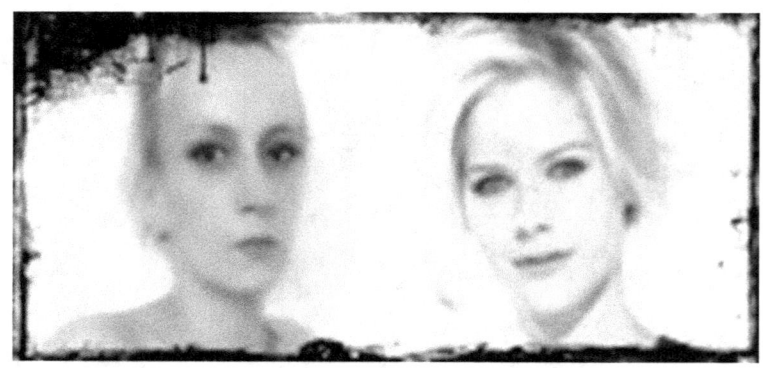

VIntage Begeisterung Warum?

Retro gilt als edel, einzigartige Effekte, nicht nur aus der Nostalgie. Jedes Bild –

Die Retro Cuties sagen Guten Tag

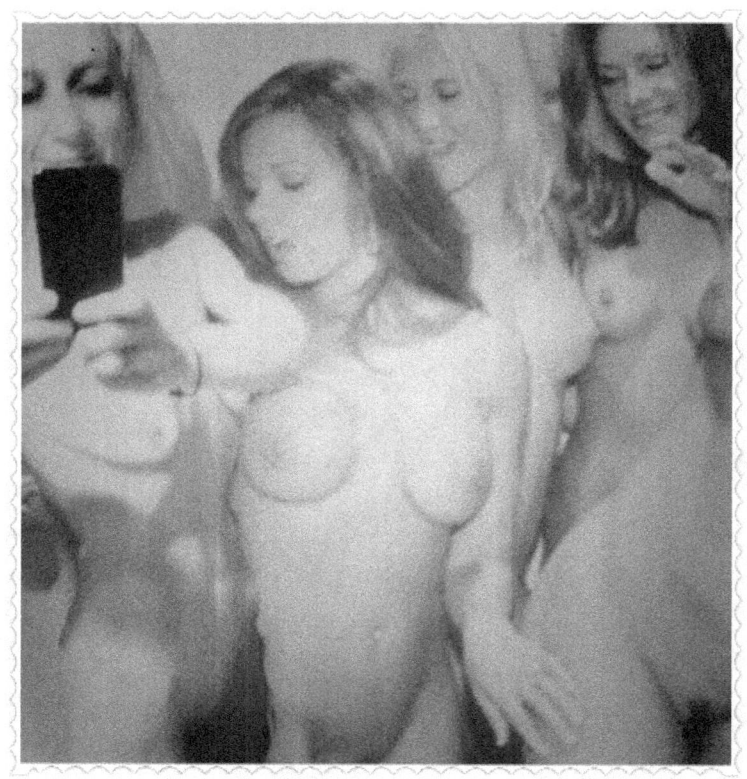

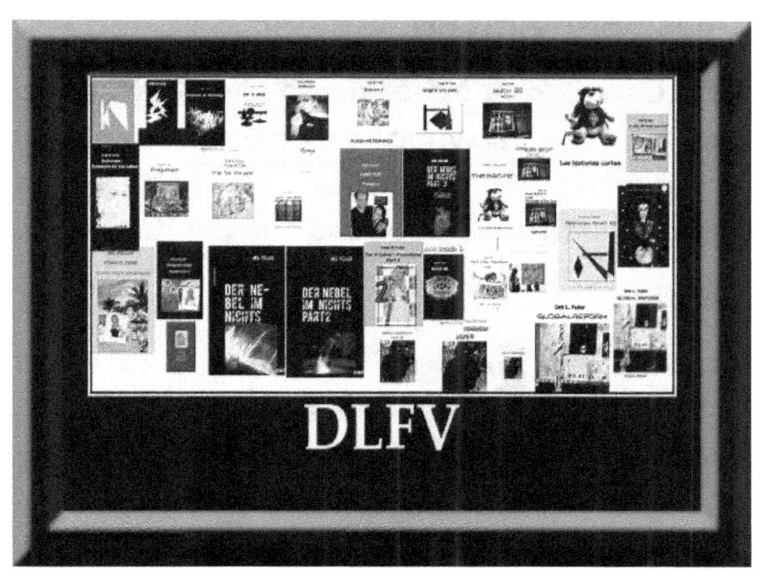

DLFV

Vintage News 2015

RITA ORA DIE BOOBS schockieren GROSSBRITANNIEN

Rita Ora Boobs schockieren Großbritannien Die BBC war gezwungen, eine Entschuldigung abzugeben , nachdem Rita Ora trottete aus eine ganze Menge Spaltung für die Kameras .

MEHR »

Rita Ora hält auf dem Tun immer mehr (und mehr!) , Von einer bevorstehenden Oscars Leistung zu bekommen glitzernden und Nackt in einem Adidas Superstar -Kampagne ihr Rowdy, Thelma & Louise inspirierten Tag-Team mit Charli XCX für " tun es . " und sie ist in absehbarer Zeit nicht zu stoppen !

Die " Grateful " Voice UK diva debütiert ein schick und sexy Vintage-Look auf dem Cover der Februar-Ausgabe von L'Officiel Paris, liefern verschiedene ' 70er- inspirierten Looks. Es ist eine Abwechslung von ihrem

Land - Skandalisierung , Spaltung tragenden Ensemble und ihre sportliche Adidas Originals Look. Eine solche optisch vielseitig Pop-Prinzessin !

Schauen Sie sich Ritas Spread für L'Officiel Paris bis oben , und lassen Sie uns wissen, was Sie in den Kommentaren unten denken

Fotoalbum - Gallerie

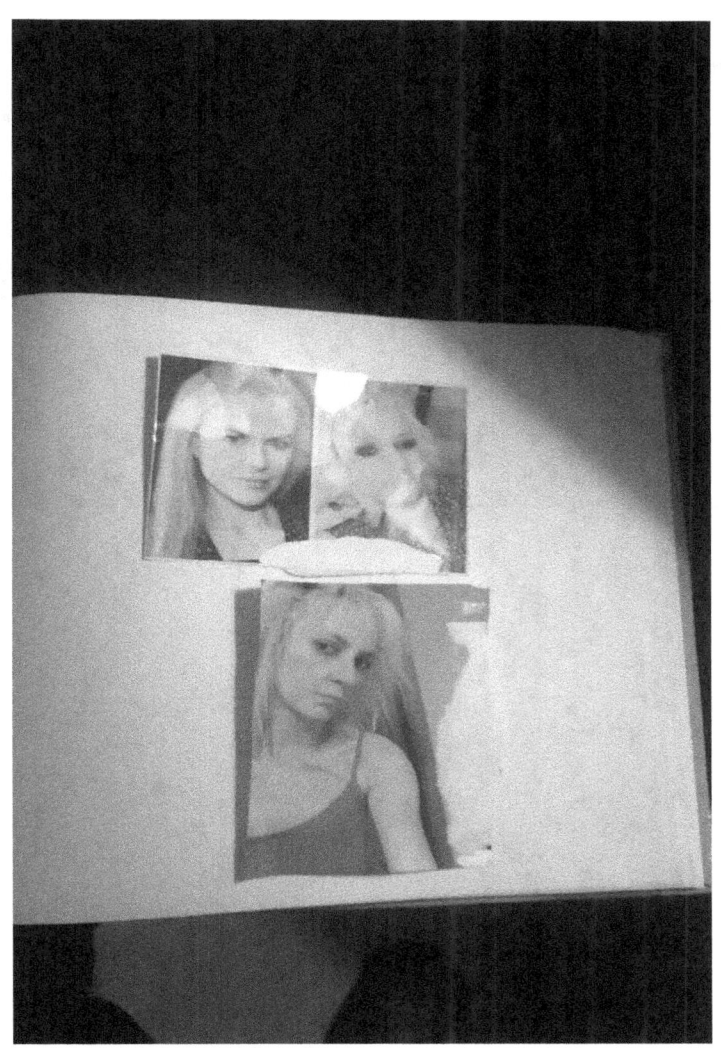

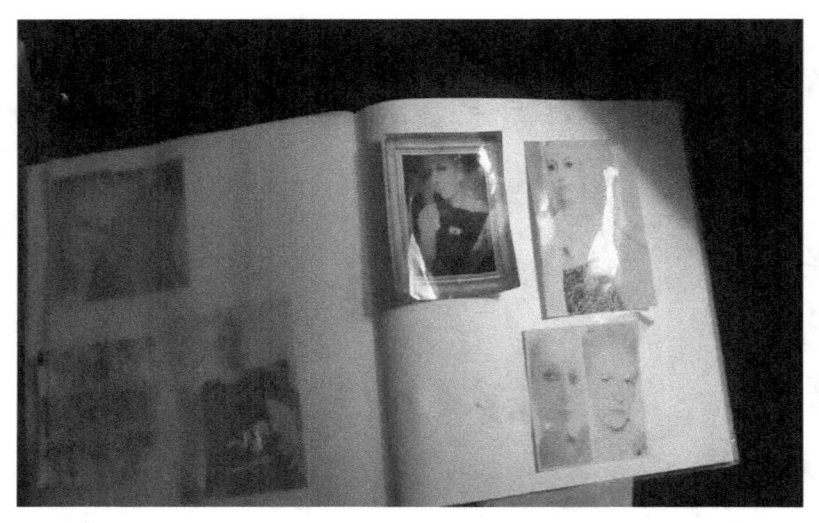

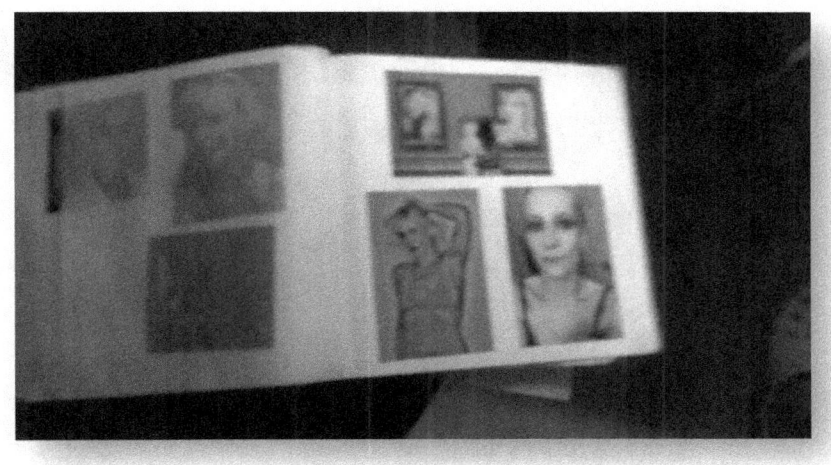

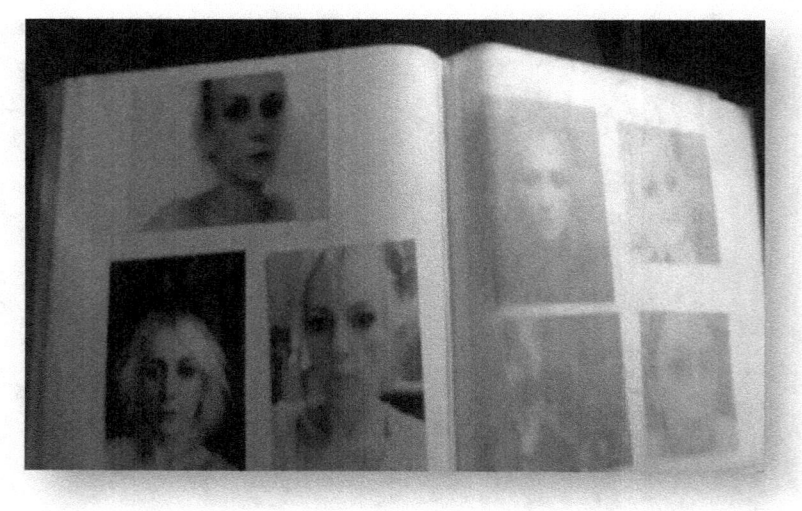

Lyriks für VIntage

Das ist nicht strange

Sondern Kunst der Photographie

Retro Glanz verleiht

Die Individualität, die bleibt

Edel, Nostalgie, Passion

Und Gallerie ist der Lohn

Retro - Cuties -

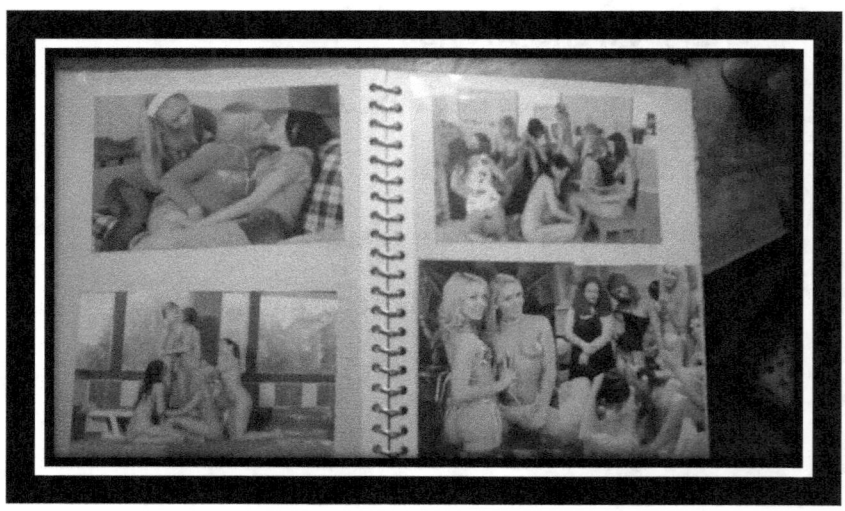

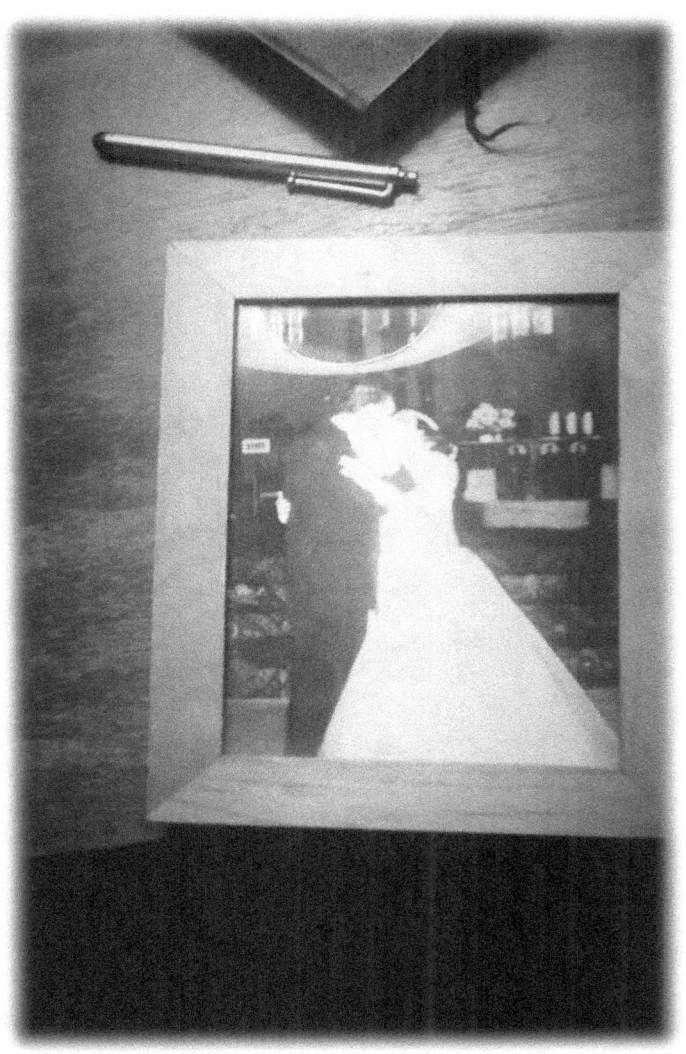

Besonders Danke ich meinem Ehemann